읽으면서
바로 써먹는

어린이 한국사 퀴즈 2

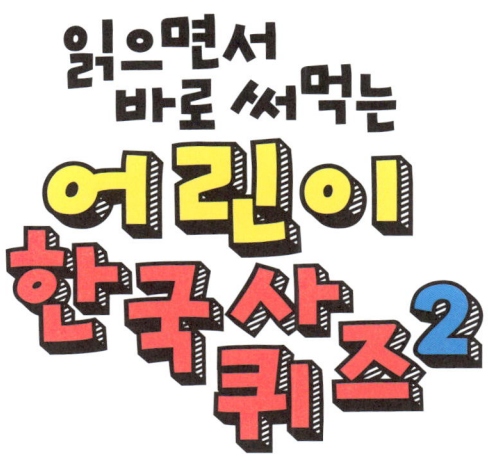

글·그림 한날
감수 전기현

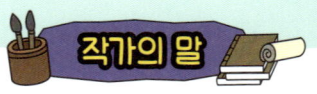

'역사를 잊은 민족에게 미래는 없다'

    이 말은 누구나 한 번쯤 들어 봤을 익숙한 말이에요. 사회 시간에 들었을 수도 있고, 광복절이나 현충일 등 국경일에 다양한 미디어를 통해 들었을 수도 있어요. 예전엔 그저 명언 중 하나로 지나쳤던 말이 이번 책을 쓰고 그리며 그 뜻을 되새겨 새삼 그 무게를 느끼게 되었어요.

    우리는 지금 우리말을 사용하고, 자유와 평화, 주권이 보장된 나라에서 자신이 꿈꾸는 미래를 만들 수 있어요. 우리는 너무도 당연한 현실에 이것에 대해 전혀 생각하지 않고 살지요. 하지만 우리가 당연하다고 생각하는 이 모든 것은 나라와 민족을 위해 투쟁하고, 희생한 많은 분이 있었기에 가능한 거예요. 만약 이런 분들이 안 계셨다면 이 모든 것은 지금뿐만 아니라 먼 미래에도 불가능했을 거예요.

    시간이 흘러 현재는 과거가 되고 미래는 현재가 될 거예요. 역사 속 어느 페이지에 어떤 모습으로 나를 담고 싶나요? 내가 역사의 주인공임을 잊지 말고, 과거를 배우고 미래를 준비해요.

《읽으면서 바로 써먹는 어린이 한국사 퀴즈 2》에서는 500년이라는 긴 역사를 가진 조선 시대부터 한강의 기적을 이뤄낸 현대까지 찹이 패밀리와 함께 시간 여행을 떠나요. 나라와 민족을 위해 힘썼던 위인들을 만나 그들이 어떻게 그런 생각과 행동하게 되었는지 공감하고, 그들의 위대한 삶을 기억하길 바랍니다.

한날

조선 시대

Chapter 1

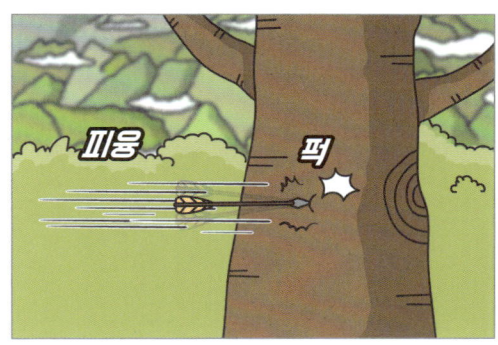

001 Quiz

고려 말, 원의 공격에 쫓겨 고려로 쳐들어와 개경까지 함락시켰던 이들은?

머리에 붉은 수건을 두르고 다녔어.

002 Quiz

한반도와 중국, 멀리는 동남아까지 침략했던 왜나라의 해적을 일컫는 말은?

아주 오랜 기간 한반도를 괴롭혔던 해적 집단이야.

003 Quiz

고려 말, 홍건적과 왜구를 물리치며 성장했던 세력은?

이성계, 최영 등이 이에 속했어.

004 Quiz

고려 말, 성리학을 공부하여 과거 시험으로 관리가 된 새로운 세력은?

이들 중 일부는 신흥 무인 세력과 손을 잡았어.

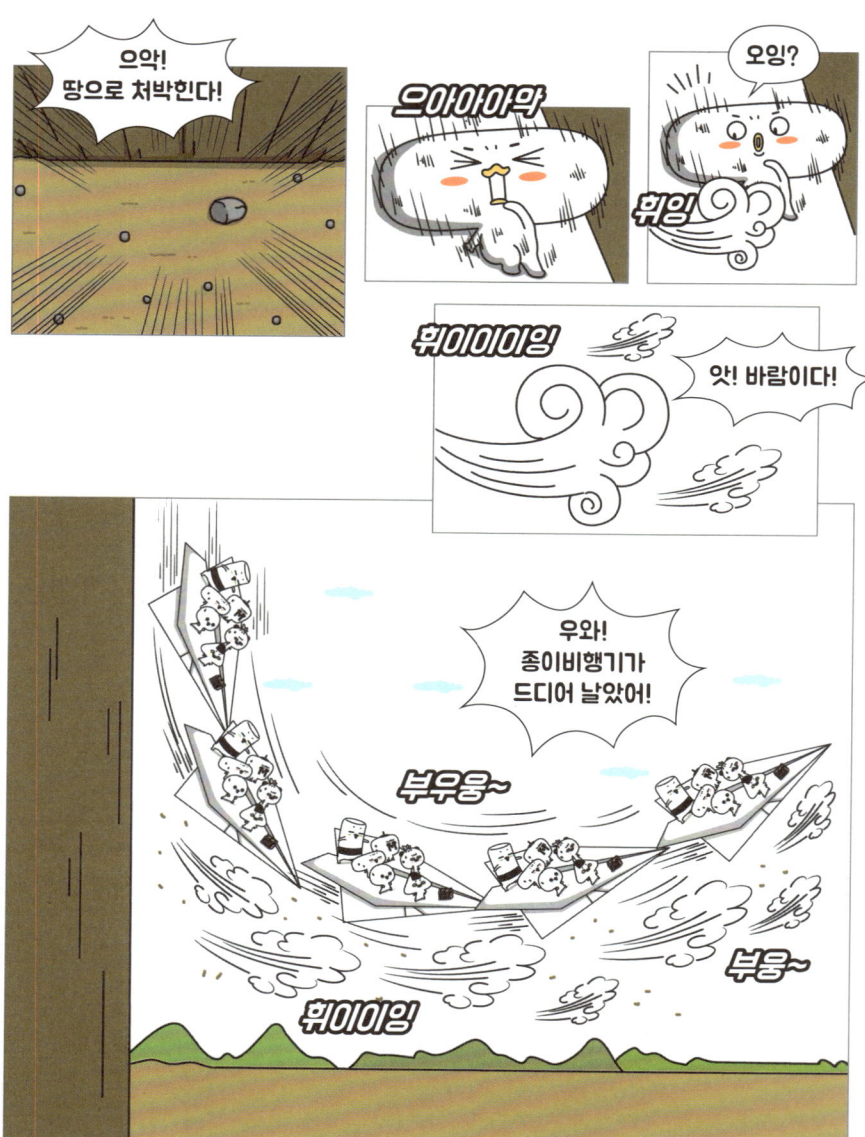

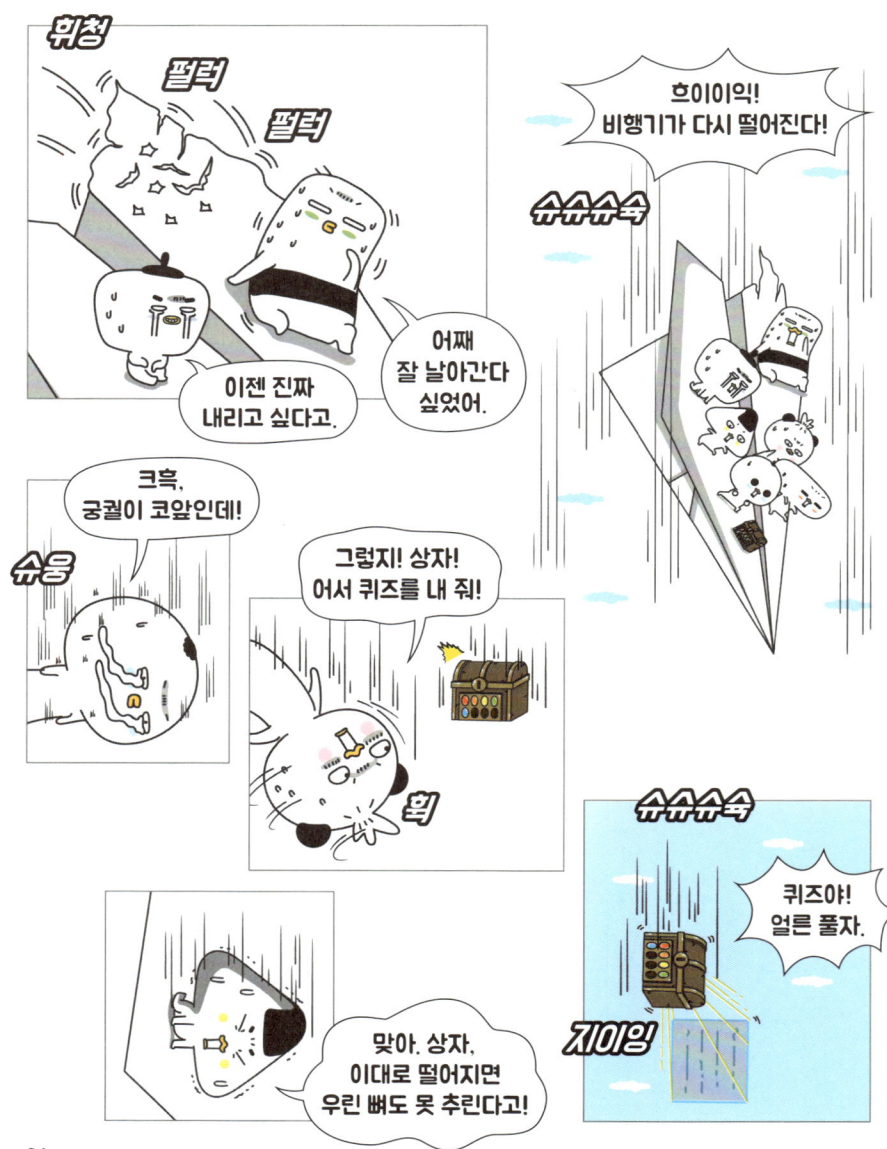

009 Quiz

이성계가 위화도 회군의 까닭으로 들었던 것은?

요동 정벌을 할 수 없는 4가지 까닭을 들었어.

❶ 작은 나라가 큰 나라를 칠 수 없다.
❷ 여름에 군사를 동원하는 것은 부당하다.
❸ 왜구가 침입할 우려가 있다.
❹ 장마철이라 활의 아교가 녹고 군사들이 역병에 들 것이다.

010 Quiz

신진 사대부로, 왕조를 유지하면서 개혁할 것을 주장했던 세력은?

고려를 무너트리려던 급진 개혁파와 다른 입장이었어.

011 Quiz

온건 개혁파로, 이성계와 맞서 고려를 지키려 했던 인물은?

유명한 시조 '단심가'를 지은 인물이야.

이 몸이 죽고 죽어, 일백 번 고쳐 죽어~.

012 Quiz

급진 개혁파로, 고려를 무너트리고 새 왕조를 세우려 했던 인물은?

이성계를 왕으로 한 새로운 나라를 만들었어.

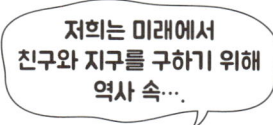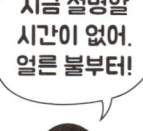

015 Quiz

태조 이성계가 조선의 도읍으로 정했던 곳은?

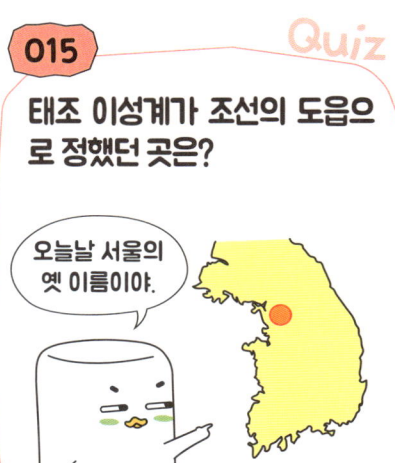

016 Quiz

한양에 흐르던 강으로, 육로 및 수로 교통의 중심이 되었던 강은?

017 Quiz

조선 시대, 첫 번째로 만들어진 조선 왕조의 궁궐은?

018 Quiz

조선이 추구한 유교에서 나라의 근본으로 삼은 것은?

019
한양 도성의 남쪽 대문으로, 예를 존중하라는 뜻이 담긴 문은?

안타깝게도 2008년 큰 방화 사건으로 불타기도 했었지.

020
도성의 문을 여닫는 시간과 위급한 상황을 알리던 종이 있던 종각은?

사람은 신뢰가 있어야 한다는 뜻이 담겨 있어.

021
조선이 추구한 유교에서 강조하는 덕목 5가지는?

한양의 사대문과 보신각 이름에 이 덕목이 담겨 있지.

022
조선 초기, 태조 이성계의 아들인 왕자들 사이에서 일어났던 난은?

두 차례의 난을 거쳐 결국 이방원이 왕으로 즉위하였어.

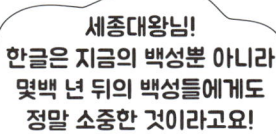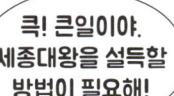

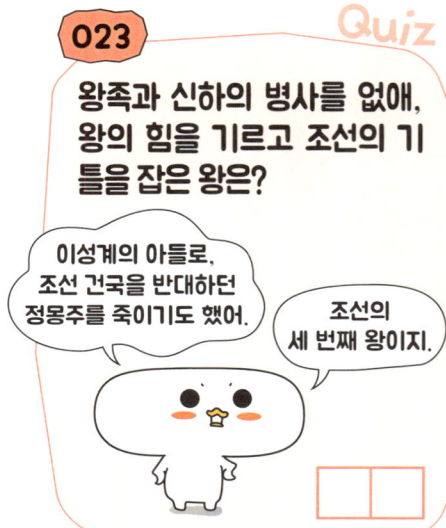

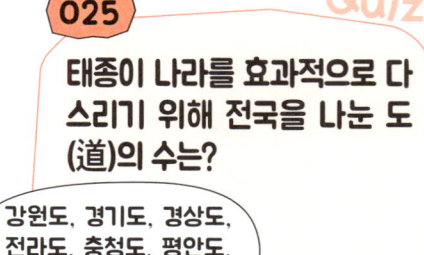

027
왕이 사는 도읍의 주변 지역을 뜻하는 조선 시대의 도(道) 이름은?

오늘날에도 그 이름이 계속 이어지고 있어.

서울

028
조선 시대, 16세 이상의 남자가 차고 다녔던 신분증은?

태종이 실시한 법이야.

이름, 관직, 사는 곳 등이 적혀 있었어.

029
교육기관으로, 오늘날의 초등학교에 해당했던 곳은?

이곳에선 천자문, 사자소학 등을 가르쳤어.

030
한양에 두었던 최고 교육기관의 이름은?

오늘날의 대학에 해당하는 곳이었어.

031 관리를 뽑기 위해 3년마다 시행되었던 조선의 시험은?

문과와 무과, 잡과 등이 있었어.

032 왕의 명을 받아, 지방 수령의 잘잘못을 몰래 찾아내던 조선의 관직은?

춘향전의 이몽룡이 과거 급제 후 얻은 벼슬이기도 해.

033 현재 전해 내려오는 아시아에서 가장 오래된 지도는?

중국을 가장 크게, 우리나라를 두 번째로 크게 그린 세계지도야.

조선 태종 때 만들었어.

034 조선 전기, 학문을 연구하기 위해 세종이 궁중에 설치한 기관은?

세종의 지원 아래 이곳에서 여러 학자가 열심히 연구에 매진할 수 있었어.

Q039
왜구의 소굴을 정벌하기 위해 조선군이 원정을 떠난 곳은?

왜구는 조선의 백성을 약탈하던 왜나라 해적이야.

Q040
세종 때, 여진족을 물리치고 개척한 행정 구역의 이름은?

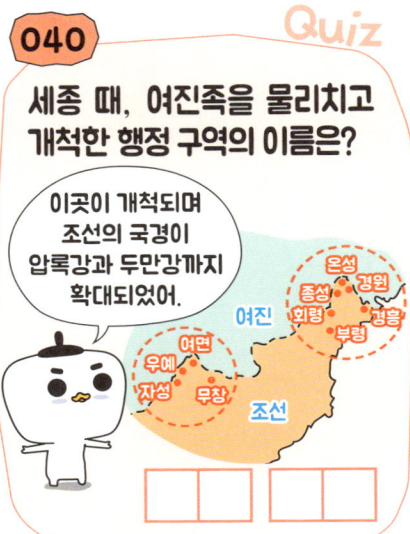

이곳이 개척되며 조선의 국경이 압록강과 두만강까지 확대되었어.

Q041
세종 때 만든 각 고을에 관한 내용을 기록한 지리책은?

'독도'와 같이 우리나라의 영토와 관련된 자세한 기록이 담겨져 있어.

Q042
문종의 아들로, 숙부인 수양대군에 의해 왕위에서 쫓겨난 인물은?

세종의 손자야.

영월로 유배되어 끝내 죽임을 당하지.

043

12살의 어린 단종을 보필하다가 두 아들과 함께 죽임을 당한 인물은?

> 6진을 개척하여 두만강을 경계로 국경을 확장한 장군이야.

044

세조 때 만들기 시작하여 성종 때 완성한 조선 최고의 법전은?

> 유교에 따라 나라를 다스리는 기준이 되었어.

045

조선 시대 신분으로, 크게 천인과 이것으로 나누었어. 이 신분은?

> 이것은 다시 양반, 중인, 상민으로 구분되었어.

046

궁궐에서 그림을 그리거나 의관, 역관(통역관) 등으로 일했던 계층은?

> 양반과 상민 중간에 있던 계층으로, 양반과 같은 대우는 못 받았어.

047 양반 생활을 알 수 있는 붓과 벼루, 먹, 종이를 통틀어 일컫는 말은?

문인 방에 있는 네 가지 벗이라는 뜻이야.

048 조선 시대 대부분의 상민이 생활을 위해 지었던 것은?

상민의 일부는 이것 대신 장사를 하기도 했어.

049 율곡 이이의 어머니로, 글과 그림 실력이 매우 뛰어났던 여성은?

우리나라 화폐 오만 원권에 새겨진 인물이야.

050 선조 때, 평화롭던 조선에 일본이 침입하여 일어난 전쟁은?

1592년, 임진년에 일어난 전쟁이야.

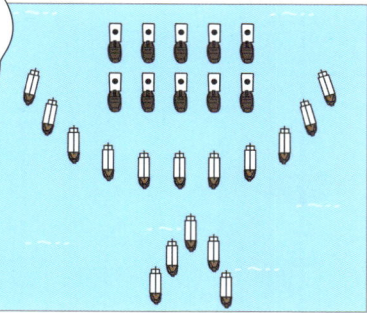

오오! 왜군의 배들이 침몰하고 있어!

저길 봐! 거북선도 출격했어.

아까 봤던 거북선이구나!

다들 거북선은 알고 있지?

당연하지. 정식 명칭은 귀선이라고!

태종실록에도 귀선에 관한 기록이 있다니 이전부터 우리의 기술로 발전시켜 온 뛰어난 배일 거야.

054
이순신 장군이 학익진으로 일본 수군에 큰 승리를 거둔 대첩은?

055
전쟁을 극복하기 위해 백성들이 자발적으로 조직한 군대는?

056
권율 장군이 백성들과 힘을 합쳐 왜군을 크게 무찌른 전투는?

057
왜군에 맞서 조선과 연합해 평양성 전투 등에서 함께 승리한 나라는?

058
광해군이 명과 후금 사이에서 펼친 외교 방법은?

이때 명은 쇠락하고, 후금은 강해지고 있었어. 그렇다고 후금 편을 들 수만은 없었지.

059
조선의 실정에 맞는 의학서인 '동의보감'을 저술했던 인물은?

선조와 광해군의 어의를 지내기도 했어.

060
신하들이 광해군을 몰아내고 인조를 새로운 왕으로 세운 사건은?

조선 시대, 왕을 몰아내고 새 임금을 세우던 것을 '반정'이라 해.

061
1627(정묘)년에 후금이 인조반정의 부당함을 구실로 쳐들어와 벌어진 전쟁은?

이 전쟁을 계기로 조선과 후금은 '형제' 관계를 맺게 돼.

Quiz 062

청의 요구인 '임금과 신하의 관계'를 거절하자 청이 침략한 전쟁은?

후금이 세력을 키워 세운 나라가 청이야.

Quiz 063

조선의 인조가 청 태종에게 항복하며 겪었던 굴욕은?

사건이 일어난 곳은 과거 서울과 남한산성을 이어 주던 나루였어.

Quiz 064

정치 집단과 상관없이 인재를 고르게 뽑기 위해 실시한 정책은?

정치를 안정시키려는 영조와 정조의 뜻이 담겨 있어.

Quiz 065

도르래를 이용해 적은 힘으로 무거운 물체를 들어 올리는 장치는?

조선의 실학자, 정약용이 만들었어.

수원 화성을 지을 때 사용된 기구야.

066
전 재산을 풀어 굶주린 제주도민들을 도왔던 여성의 이름은?

정조가 크게 칭찬해 금강산 유람을 시켜 주었지.

067
백성의 생활이 어려워지자 등장한 실생활에 필요한 것을 연구했던 학문은?

정약용, 박지원 등의 학자가 연구했어.

068
김정호가 만든 우리나라 전체를 그린 지도는?

조선 시대에 만들어진 지도 중 가장 정확하다고 평가돼.

069
서민들이 즐겼던 공연으로, 긴 이야기를 노래로 들려주는 공연은?

관객도 함께 참여할 수 있어서 백성에게 큰 호응을 얻었어.

070
조선의 쇠락을 가져온, 특정한 가문이 권력을 잡고 행사하던 정치는?

> 잘못된 이 정치로 많은 백성들이 고통을 받았어.

071
몰락한 양반 홍경래가 조정의 부패에 맞서 일으켰던 난은?

> 평안도 지역에 대한 차별, 탐관오리의 수탈 등에 맞서 일어났던 반란이었어.

072
1866년, 통상을 요구하던 미국 상선이 평양 군민에 의해 불태워진 사건은?

> 이 배는 대동강을 통해 들어왔어.
> 신미양요의 배경이 되었어.

073
프랑스가 통상을 요구하며 문화재와 무기, 곡식 등을 약탈했던 사건은?

> 1866년(병인년)에 프랑스 함대가 강화도를 침범했지.

Quiz 074

서양과 교류하지 않겠다는 척화비를 전국 각지에 세웠던 인물은?

어린 고종을 대신해 정치적 실권을 잡고 있었어.

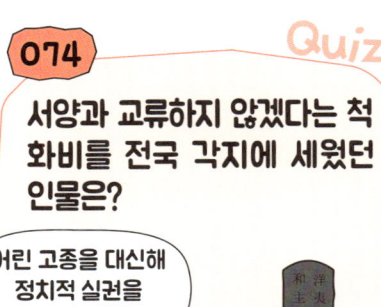

Quiz 075

1875년, 일본의 군함이 강화도 바다에 불법 침입하여 일어났던 충돌 사건은?

당시 일본은 이 사건의 책임을 조선에 돌리며 강화도 조약을 맺었지.

Quiz 076

조선이 외국과 맺은 최초의 근대적 조약이자 불평등 조약은?

이 조약 이후 조선은 다른 나라와도 불평등 조약을 맺게 되었어.

Quiz 077

조선 말기, 일본에 조선이 두 차례에 걸쳐 파견했던 외교 사절은?

이전에 조선이 일본에 '통신사'를 보냈던 것이 강화도 조약 이후 이것으로 바뀌었어.

078

고종 때, 구식 군인들이 불만을 품고 일으켰던 난은?

신식 군대인 별기군과의 차별에 맞서 일으킨 임오년(1882년)의 사건이야.

079

고종 때, 김옥균, 박영효 등의 개화당이 독립적인 정부를 세우기 위해 일으킨 정변은?

청군의 개입 등으로 3일 만에 실패로 끝나고 말았어.

080

전봉준을 중심으로, 동학도와 농민들이 합세하여 일으킨 농민 운동은?

전봉준은 동학의 지도자였어.

전라도 고부에서 시작해 점점 세력을 넓히며 개혁을 외쳤던 농민운동이야.

081

조선의 지배권을 놓고 청나라와 일본이 다퉜던 전쟁은?

1894년 시작돼 다음 해까지 이어졌어.

이 전쟁에서 승리한 일본은 이후 동아시아의 패권을 장악하게 되지.

082 Quiz

청일전쟁에서 승리한 일본이 불리해진 정세를 뒤집으려 명성황후를 시해한 사건은?

을미년, 경복궁에 침입했어.

이 사건 이후 전국적으로 일본에 대한 반감이 커졌어.

083 Quiz

성인 남자의 상투를 자르고, 서양식 머리를 하라는 내용이 담겼던 명령은?

이 명령에 따르지 않으면, 상투를 강제로 잘랐다고 해.

084 Quiz

명성황후가 시해된 후, 고종이 러시아 공사관으로 거처를 옮긴 사건은?

일본의 영향력에서 벗어나기 위한 일이었어.

이후 조선에 대한 러시아의 영향력이 더욱 강해졌어.

085 Quiz

서재필이 창간한 우리나라 최초의 한글 신문은?

이 신문을 통해 사람들이 나랏일을 좀 더 쉽게 알 수 있었어.

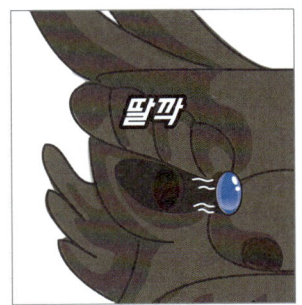

대한 제국 시대

086

대한 제국을 선포한 고종이 황제 즉위식을 올렸던 장소는?

황제가 하늘에 제사를 지내고자 둥글게 쌓은 단이야.

087

독립 협회가 주최한 서울 종로 네거리에서 열렸던 민중 집회는?

이곳에서 대한 제국의 자주독립권을 지키려는 민중들의 목소리가 울려 퍼졌어.

088

1902년, 영국과 일본이 맺은 협약은?

영국이 이 동맹으로 아시아 지역에서 일본과 손을 잡음으로써 사실상 일본의 조선 침략을 인정했어.

089

1904년, 한반도와 만주의 지배권을 둘러싸고 러시아와 일본 사이에 일어난 전쟁은?

러시아에 승리한 일본이 이후 우리나라에 대한 야욕을 더욱 노골적으로 드러냈어.

090 Quiz

1905년, 일본의 가쓰라 다로 총리와 미국의 태프트 육군 장관이 맺은 비밀 협정은?

미국은 필리핀을, 일본은 대한 제국의 식민 통치를 인정한다는 내용을 포함하고 있어.

☐☐☐☐ ☐☐☐ ☐☐☐☐

091 Quiz

대한 제국의 외교권을 일본에게 빼앗기게 된 조약은?

고종의 반대에도 이토 히로부미가 강제로 체결한 조약이야.

☐☐☐☐

092 Quiz

일제의 강요로 체결된 을사늑약의 부당함과 그 울분을 쓴 장지연의 논설은?

1905년 황성신문에 실렸어.

'오늘 소리 내어 크게 통곡한다.'는 의미를 담고 있어.

☐☐☐☐☐☐☐

093
일본 제국이 대한 제국을 감독·침략하기 위해 서울에 두었던 관청은?

1906년~1910년. 1910년 경술국치 이후 조선 총독부로 이어졌어.

094
태백산맥 일대에서 왜군에 맞서 싸우던 의병장의 이름은?

평민 출신으로 '태백산의 호랑이'라는 별명을 가지고 있었어.

농민들에게 민폐를 끼치지 않아 따르는 사람이 많았어.

095
1907년, 나라가 진 빚을 국민이 대신 갚아 경제 주권을 지키자는 취지로 벌인 운동은?

대구에서 시작되어 전국으로 퍼졌으나 일제의 탄압으로 중단되었어.

096
고종이 을사늑약의 부당함을 국제 사회에 알리려 네덜란드에 파견했던 특사는?

이준, 이위종, 이상설 세 사람으로 이루어져 있었어.

097 Quiz

1907년(정미년), 고종이 강제로 물러나고 대한 제국의 군대가 해산되자 일어난 의병 운동은?

일제의 대대적인 탄압으로 실패하고 말았어.

098 Quiz

조선의 마지막 왕, 고종 황제에 이어 대한 제국의 2대 황제의 이름은?

그는 조선의 27대 왕으로 고종의 아들이야.

099 Quiz

일제의 한반도 지배를 미화하다 사살당한 미국 외교관의 이름은?

그는 대표적인 친일 외교관으로 전명운, 장인환 의사에게 사살당했어.

100 Quiz

우리나라를 빼앗는 데 앞장선 이토 히로부미를 저격한 독립 운동가는?

그는 하얼빈역에서 이토 히로부미를 저격했어.

일제 강점기

Chapter 3

Quiz 101
우리나라가 일제에 강제로 점령되었던 기간을 일컫는 말은?

> 1910년 대한 제국이 일제에 주권을 빼앗긴 때부터 1945년 8월 15일 광복한 날까지를 말해.

Quiz 102
일제가 우리나라를 식민 통치하기 위해 만들었던 통치 기구는?

> 이전에 있던 통감부가 폐지되고, 1910년에 새로 등장했어.

Quiz 103
일제가 토지의 소유자를 확인한다는 명분으로 실시했던 조사 사업은?

> 우리나라의 토지를 빼앗으려고 벌인 대규모 토지 조사였어.

Quiz 104
나라를 빼앗은 일제가 경찰의 임무를 주어 활동했던 이들의 이름은?

> 군대 안의 경찰이기도 해.

105
일제의 계속되는 탄압에 만주와 더불어 많은 이들이 향했던 곳은?

· 하얼빈

오늘날 러시아 영토로, 두만강 위쪽 동해에 인접해 있는 지역이야.

106
평양에 대성학교를 세워 나라의 인재를 키우려 노력했던 독립운동가는?

미국에서 흥사단을 만들어 민족의 힘을 기르는 데 앞장섰어.

107
1919년 2월 8일, 도쿄에서 한국인 유학생들이 발표한 독립 선언은?

이 선언을 '조선청년독립선언'으로도 불러.

108
3·1 운동 전, 여러 나라에 걸쳐 일어났던 세계적인 전쟁의 이름은?

이 전쟁에서 진 나라의 식민지들이 차차 독립해 나갔어.

Quiz 113

3·1 운동에 맞선 일제가 만세 시위에 참여했던 사람들을 무자비하게 학살한 사건은?

- 경기도 화성 제암리에서 있었던 일이야.
- 사람들을 교회에 몰아넣고 총을 쏘아 죽인 뒤, 불을 지르는 만행을 저질렀어.

Quiz 114

3·1 운동 때, 천안의 아우내 장터에서 만세 시위를 주도했던 독립운동가는?

- 일제에 저항하다 18세의 어린 나이로 순국하였어.

Quiz 115

일제가 수많은 독립운동가를 가두고 고문했던 곳은?

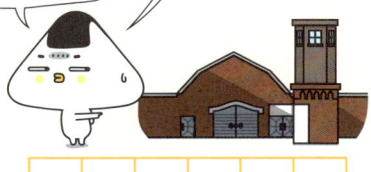

- 서울에 있던 우리나라 최초의 감옥이야.
- 지금은 역사의 흔적을 살필 수 있는 '역사관'으로 사용되고 있어.

Quiz 116

3·1 운동 이후, 우리나라의 광복을 위해 독립운동가들이 세웠던 정부의 이름은?

- 중국 상하이에 세워졌어.
- 김구, 이승만 등이 중심이 되었던 정부로, 오늘날 대한민국의 뿌리라고 할 수 있어.

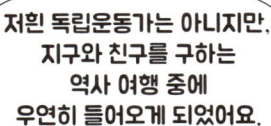

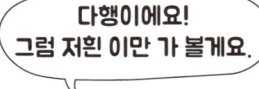
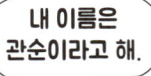

117 Quiz
대한민국 임시 정부의 초대 국무총리이자 대통령을 지냈던 인물은?

> 미국 등 외국에서 주로 활약한 독립운동가야.

> 그는 후에 대한민국의 초대 대통령이 되었어.

118 Quiz
만주에 신흥무관학교를 설립해 많은 독립운동가와 항일 독립군을 키워 낸 인물은?

> 형제들과 전 재산을 팔아 만주로 망명해 독립운동을 펼쳤어.

119 Quiz
일제와의 만주 봉오동 전투에서 독립군의 승리를 이끈 독립운동가는?

> 포수 출신으로, 김좌진의 부대와 연합해 청산리 대첩을 승리로 이끌기도 했어.

120 Quiz
1920년, 독립군이 만주의 청산리에서 일제의 군대를 크게 무찌른 싸움은?

> 김좌진이 총사령관이었어.

> 매우 크게 이긴 싸움이라 '대첩'이라 일컬어.

김좌진 장군

Quiz 121
1920년대 일본의 높은 관리를 암살하고 관공서 폭파 등의 무력 항쟁을 했던 독립운동 단체는?

- 만주에서 조직된 단체야.
- 창단 당시 신흥무관학교 출신들이 중심이 되었어.

☐☐☐

Quiz 122
어린이 교육과 인권 보호를 주장하며 '어린이날'을 만든 인물은?

- 우리나라의 독립을 위해서 다음 세대인 '어린이'가 중요함을 강조했어.

☐☐☐

Quiz 123
순종의 장례일인 1926년 6월 10일에 일어난 만세 운동은?

- 국내에서 민족 운동과 학생 운동이 활발해지는 계기가 되었어.

☐·☐☐☐☐

Quiz 124
민족주의 운동가와 사회주의 운동가들이 독립의 뜻을 모아 만든 단체는?

- 1920년대 후반에 만들어졌어.
- 일제 강점기에 있었던 합법적인 단체 중 그 규모가 가장 컸어.

☐☐☐

Quiz 125

1929년, 3·1 운동 이후 최대 규모였던 민족 운동은?

전남 광주에서 일어났던 학생 항일 운동이야.

기차 통학을 하던 한·일 중학생 사이의 싸움이 도화선이 된 항일 투쟁이었어.

기념비

Quiz 126

일제의 중요한 인물들을 암살할 목적으로 만들어졌던 독립운동 단체는?

중국 상하이에 있었어.

이봉창, 윤봉길 등이 이 단체의 소속이었어.

Quiz 127

1931년 한인 애국단을 조직하여 여러 의거를 지휘하기도 했던 인물은?

대한민국 임시 정부에서 활동하며 쓴 일기로, '백범일지'가 있어.

Quiz 128

한인 애국단의 단원으로, 일왕 히로히토에게 수류탄을 던졌던 독립운동가는?

비록 실패하였지만, 그의 의지는 우리나라의 독립운동에 큰 힘이 되었어.

Quiz 129

일왕의 생일을 기념하는 행사장에 폭탄을 던져 의거에 성공했던 독립운동가는?

- 상하이 훙커우 공원에서 일어났어.
- 이봉창 의사와 같이 한인 애국단 소속이었어.

Quiz 130

〈광야〉, 〈청포도〉 등의 시로써 우리 민족의 비극과 의지를 노래하였던 독립운동가는?

- 독립운동으로 감옥에서 받은 수인 번호가 '264'였어.

Quiz 131

육상 선수로, 1936년 베를린 올림픽 마라톤에서 금메달을 땄던 인물은?

- 한민족임에도 일장기를 달고 뛸 수밖에 없었어.

Quiz 132

《이순신전》, 《을지문덕전》과 같은 전기를 써 애국심을 높였던 인물은?

- 고조선과 고구려 등에 관한 역사책을 써서 우리 역사의 주인이 우리 민족임을 강조했어.

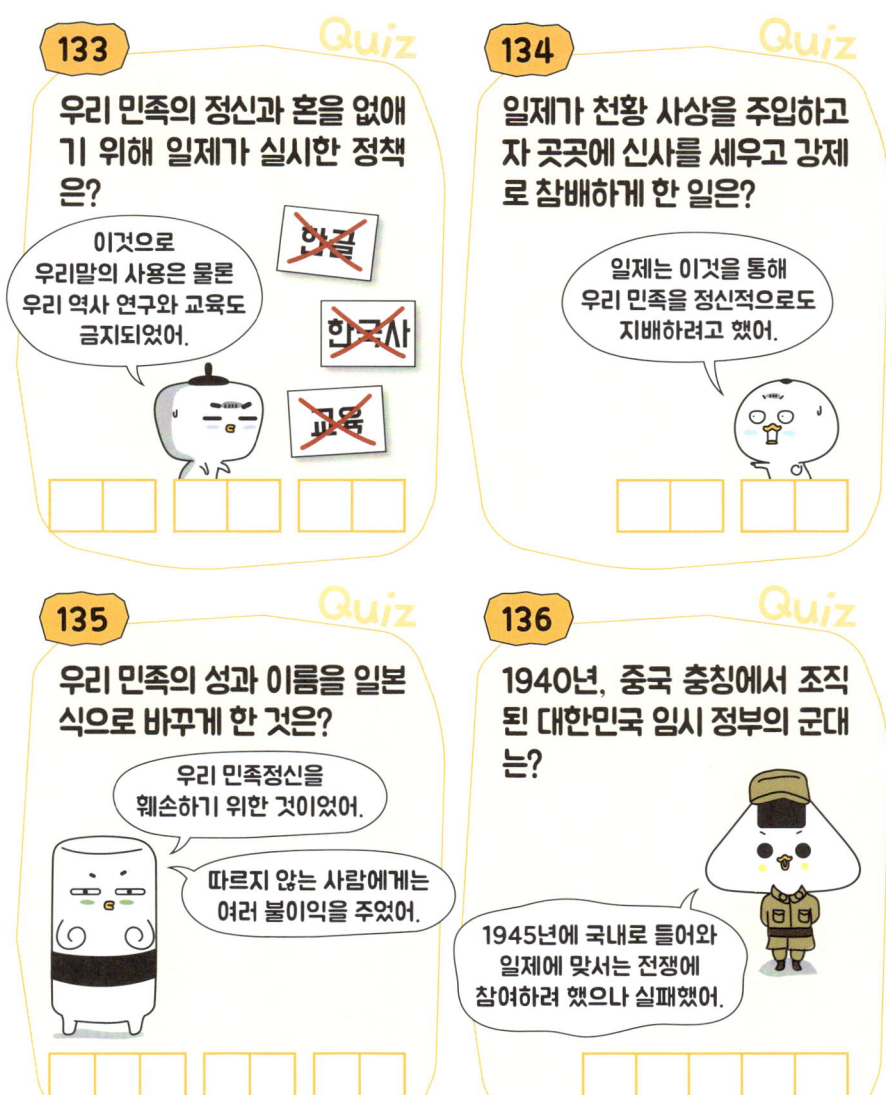

137
일제가 일본군 위안소에 강제로 끌고간 우리나라 여자를 이르는 말은?

'평화의 소녀상'은 이들의 문제와 피해를 알리기 위한 상징물이야.

138
민족정신을 지키기 위해 한글을 보급하고, 사전을 편찬하는 데 힘썼던 단체는?

이 단체의 많은 학자가 일제에 끌려가 감옥에서 숨을 거두었어.

139
일제와 연합국 사이에 벌어진 전쟁으로, 일제의 진주만 기습으로 시작되었던 전쟁은?

결국 일제가 '무조건 항복'으로 패망한 전쟁이야.

140
제2차 세계 대전에 관한 여러 문제를 논의, 발표한 공동 선언은?

미국과 영국, 중국 등의 대표가 이집트의 카이로에 모였어.

이 선언에 우리나라에 독립 국가를 세우게 한다는 내용이 담겼어.

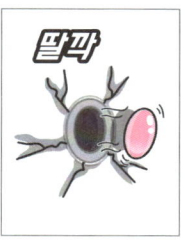

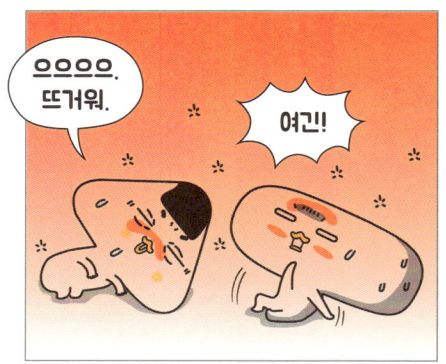

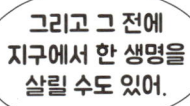

근현대기

Chapter 4

Quiz 141
1945년 8월 15일, 광복한 직후 국내에 조직되었던 건국 준비 단체는?

민족의 힘을 하나로 모아 국내 질서를 유지하려 했지만, 여러 이유로 해체되고 말았어.

Quiz 142
건국 준비 위원회 위원장으로 1947년 안타깝게 암살당한 인물은?

독립운동가로 새로운 나라 건설에 힘썼어.

민족의 지도자로도 사람들의 지지를 가장 많이 받았지.

Quiz 143
제2차 세계 대전 후, 미국과 영국, 소련의 외무장관이 한반도 문제를 논의한 회의는?

모스크바에서 열린 이 회의를 통해 한반도의 신탁 통치가 결정되었지.

Quiz 144
특정 국가가 다른 나라의 일정 지역을 대신 통치하는 제도는?

우리나라에서는 찬성과 반대 측이 극심하게 대립했어.

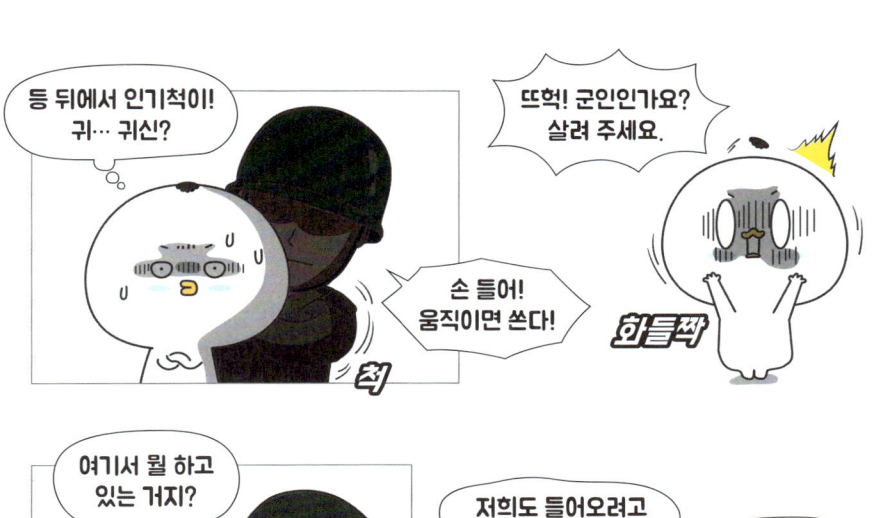

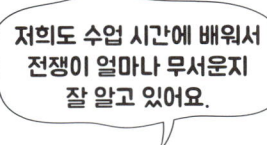
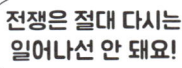

149
1953년 7월 27일에 6·25 전쟁의 휴전 협정이 조인된 곳은?

> 비무장 지대의 군사 분계선 상에 있는 공동 경비 구역이기도 해.

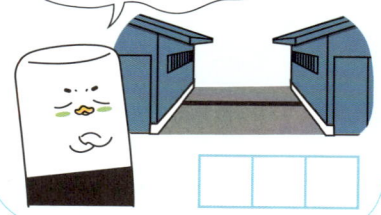

150
6·25 전쟁의 휴전 협정에 따라 설정된 군사 경계선의 이름은?

> 전쟁 이전에 있었던 38도선과는 다르게 그어진 이 선의 이름에는 '쉬다(休)'는 뜻이 담겨 있어.

151
1960년 3월 15일에 부정한 방법으로 실시되었던 정·부통령 선거의 이름은?

> 이 선거는 시민들의 분노를 일으켜 3·15 마산 의거로 이어졌어요.

152
6·25 전쟁 이후, 대한민국의 경제 성장을 가리키는 말은?

> 제2차 세계 대전 이후 독일의 경제 발전을 가리킨 '라인강의 기적'을 본떠서 붙인 이름이야.

153
1980년 5월에 광주와 전남 지역 시민들이 벌인 민주화 운동은?

당시 전두환 정부의 군사 독재와 계엄령 등을 반대하며 일어난 민주화 운동이야.

154
전두환 정부의 독재에 반대하고, 대통령 직선제를 요구하며 일어났던 전국적인 항쟁은?

대학생 이한열 등 수많은 사람이 희생을 당했지.

1987년에 일어난 항쟁이야.

155
지역의 주민이 직접 선출한 지방 의회 의원과 지방 자치 단체장이 그 지역의 일을 처리하는 제도는?

5·16 군사 정변 때 폐지되었다가 6·29 민주화 선언에 의해 부활한 제도야.

156
1988년, 우리나라 수도 서울에서 개최한 올림픽 대회는?

우리나라의 국제적 지위가 크게 향상된 대회야.

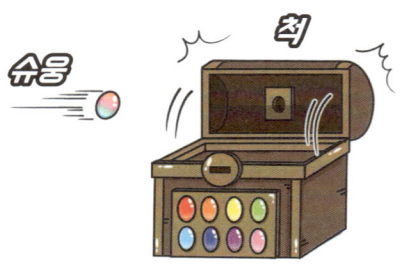

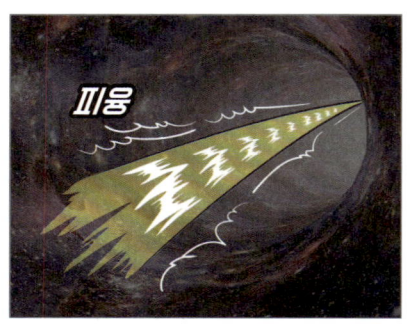

Chapter 1 조선 시대

001 홍건적
002 왜구
003 신흥 무인 세력
004 신진 사대부
005 토지
006 요동 지역
007 이성계
008 위화도
009 사불가론
010 온건 개혁파
011 정몽주
012 정도전
013 조선
014 삼봉집
015 한양
016 한강
017 경복궁
018 백성
019 숭례문
020 보신각
021 인의예지신
022 왕자의 난
023 태종
024 함흥차사
025 8
026 충주, 청주
027 경기도
028 호패
029 서당
030 성균관
031 과거
032 암행어사
033 혼일강리역대국도지도
034 집현전
035 훈민정음
036 농사직설
037 장영실
038 앙부일구
039 대마도
040 4군 6진
041 세종실록지리지
042 단종
043 김종서
044 경국대전
045 양인
046 중인
047 문방사우
048 농사
049 신사임당
050 임진왜란
051 도요토미 히데요시
052 선조
053 이순신
054 한산도 대첩
055 의병
056 행주 대첩
057 명
058 중립 외교
059 허준
060 인조반정
061 정묘호란
062 병자호란
063 삼전도의 굴욕
064 탕평책
065 거중기
066 김만덕
067 실학
068 대동여지도
069 판소리
070 세도 정치
071 홍경래의 난
072 제너럴셔먼호 사건
073 병인양요
074 흥선 대원군
075 운요호 사건
076 강화도 조약
077 수신사
078 임오군란
079 갑신정변
080 동학 농민 운동
081 청일전쟁
082 을미사변
083 단발령
084 아관파천
085 독립신문

Chapter 2 대한 제국 시대

- 086 환구단
- 087 만민 공동회
- 088 영일동맹
- 089 러일전쟁
- 090 가쓰라 태프트 협정
- 091 을사조약(을사늑약)
- 092 시일야방성대곡
- 093 통감부
- 094 신돌석
- 095 국채 보상 운동
- 096 헤이그 특사
- 097 정미의병
- 098 순종
- 099 스티븐스
- 100 안중근

Chapter 3 일제 강점기

- 101 일제 강점기
- 102 조선 총독부
- 103 토지 조사 사업
- 104 헌병
- 105 연해주
- 106 안창호
- 107 2·8 독립 선언
- 108 제1차 세계 대전
- 109 파리 강화 회의
- 110 민족 자결주의
- 111 3·1 운동
- 112 민족 대표 33인
- 113 제암리 학살 사건
- 114 유관순
- 115 서대문형무소
- 116 대한민국 임시 정부
- 117 이승만
- 118 이회영
- 119 홍범도
- 120 청산리 대첩
- 121 의열단
- 122 방정환
- 123 6·10 만세 운동
- 124 신간회
- 125 광주 학생 항일 운동
- 126 한인 애국단
- 127 김구
- 128 이봉창
- 129 윤봉길
- 130 이육사
- 131 손기정
- 132 신채호
- 133 민족 말살 정책
- 134 신사 참배
- 135 일본식 성명 강요
- 136 한국광복군
- 137 위안부
- 138 조선어 학회
- 139 태평양 전쟁
- 140 카이로 선언

Chapter 4 근현대기

- 141 건국 준비 위원회
- 142 여운형
- 143 모스크바 삼국 외상 회의
- 144 신탁 통치
- 145 국제 연합(UN)
- 146 6·25 전쟁
- 147 부산
- 148 인천 상륙 작전
- 149 판문점
- 150 휴전선
- 151 3·15 부정 선거
- 152 한강의 기적
- 153 5·18 민주화 운동
- 154 6월 민주 항쟁
- 155 지방 자치제
- 156 서울 올림픽 대회

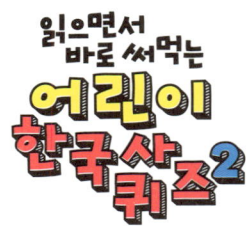

초판 15쇄 2025년 8월 1일
초판 1쇄 2022년 3월 15일

글·그림 한날

펴낸이 정태선
펴낸곳 파란정원
출판등록 제395-2010-000070호
주소 서울특별시 은평구 가좌로 175, 5층
전화 02-6925-1628 | **팩스** 02-723-1629
제조국 대한민국 | **사용연령** 8세 이상 어린이
홈페이지 www.bluegarden.kr | **전자우편** eatingbooks@naver.com
종이 다올페이퍼 | **인쇄** 조일문화인쇄사 | **제본** 경문제책사

글·그림ⓒ2022 한날
ISBN 979-11-5868-230-9 73030

이 책은 저작권법에 따라 보호받는 저작물이므로 무단 전재와 무단 복제를 금지하며,
이 책 내용의 전부 또는 일부를 이용하려면 반드시 저작권자와 파란정원(자매사 책먹는아이·새를기다리는숲)의 동의를 얻어야 합니다.
*잘못된 책은 구입하신 서점에서 바꿔 드립니다.